Wissenschaftliches Arbeiten. 30 Minuten für Ihre erfolgreiche Facharbeit, Hausarbeit, Bachelorarbeit oder Masterarbeit.

Christoph Riederer

Umschlagbild: Syda Productions / www.fotolia.de

ISBN-10: 1499517696
ISBN-13: 978-1499517699
ASIN: B00JL99VY2 (Kindl-E-Book)

4. Auflage, 04. Januar 2015

Vorbemerkung – Was Sie erwartet

Sie müssen eine wissenschaftliche Hausarbeit, eine Bachelorarbeit oder eine Masterarbeit in einem geistes- oder sozialwissenschaftlichen Fach anfertigen? Sie brauchen schnell konkrete Hinweise, wie Sie ein Thema und eine gute Fragestellung finden, wie Sie passende Literatur recherchieren, eine Gliederung entwerfen, eine gute Einleitung schreiben und richtig zitieren? Die Zeit drängt und Sie haben keine Zeit, sich ein rund 150 Seiten langes Werk über wissenschaftliches Arbeiten durchzulesen? Dann ist dieser kleine Leitfaden für Sie bestimmt. In einer guten halben bis dreiviertel Stunde wissen Sie alles, was Sie tun müssen, um eine erfolgreiche wissenschaftliche Arbeit schreiben zu können.

Diese Einführung basiert auf Ihren Anregungen, Fragen und Problemen, wie ich sie in meinen Lehrveranstaltungen immer wieder wahrgenommen habe. Sie verzichtet daher auf zu viel Theorie und will Ihnen konkrete Werkzeuge an die Hand geben, die Ihnen schnell unmittelbar beim Verfassen Ihrer Arbeiten helfen sollen. Um diesen Leitfaden für Sie immer weiter entwickeln und verbessern zu können, bitte ich Sie ausdrücklich um Ihre Unterstützung und Mithilfe: Am Ende dieses Buchs finden Sie meine E-Mail-Adresse. Bitte schreiben Sie mir, was Sie für verbesserungs- und ergänzungswürdig halten. Außerdem soll das Kapitel 3 „FAQ“ mit der Zeit durch Ihre Anregungen und Fragen weiter ausgebaut werden. Wenn Sie die Kindl-Aktualisierungsfunktion aktiviert haben, erhalten Sie kostenlos die jeweils neueste Ausgabe dieses E-Books.

1 Was heißt wissenschaftliches Arbeiten und nach welchen Kriterien wird meine Arbeit bewertet?

Wissen Sie, was eine wissenschaftliche Arbeit von nichtwissenschaftlichen Arbeiten unterscheidet? Ist Ihnen bewusst, nach welchen Kriterien Ihr Betreuer Ihre Arbeit bewerten wird? Für viele Studenten bleiben die Antworten auf beide Fragen vage oder sogar vollständig nebulös. Doch nur wenn Sie wissen, was die konkreten Anforderungen an eine wissenschaftliche Arbeit sind und worauf Ihr Betreuer bei der

Bewertung Ihrer Arbeit Wert legt, wissen Sie, worauf Sie beim Verfassen Ihrer Arbeit achten müssen.

Daher erfahren Sie in diesem Abschnitt, zunächst, was unter „Wissenschaft" zu verstehen ist. Wenn Sie wissen, was unter „Wissenschaft" zu verstehen ist, können Sie davon ableiten, welche Qualitätskriterien Ihre Arbeit erfüllen muss, um als wissenschaftlich zu gelten. Damit haben Sie zugleich die Bewertungskriterien, nach denen Ihr Dozent Ihre Arbeit begutachtet.

Doch damit ist noch nicht geklärt, warum man von Ihnen überhaupt erwartet, eine wissenschaftliche Arbeit zu schreiben. Weil es leichter fällt, etwas zu tun, wenn man den Sinn hinter dieser Tätigkeit erkannt hat, erfahren Sie hier auch, welche Vorteile Sie in Ihrem zukünftigen Berufsleben davon haben, wenn Sie die Technik wissenschaftlichen Arbeitens beherrschen.

Doch zunächst zu der Frage, was unter Wissenschaft überhaupt zu verstehen ist. Wissenschaft will **allgemeingültige objektive Erkenntnisse** über die Wirklichkeit gewinnen, die frei von Emotionen und Subjektivität sind. Wissenschaft steht also im Gegensatz zu bloßen Behauptungen, Vermutungen oder „Bauchgefühlen".

Wissenschaft will **Zusammenhänge, Ursachen und Wirkungen** erforschen und folgt also einem klaren Erkenntnisinteresse. Das bedeutet, Wissenschaft will weniger Tatsachen und Fakten beschreiben, als vielmehr wissen, wieso, weshalb, warum etwas so ist, wie es ist und nicht anders.

Wissenschaft ist ein Prozess und will ausgehend von Bekanntem Neues erforschen. Wissenschaft knüpft also immer an das an, was andere bereits zuvor erforscht haben und versucht, vorhandene Wissenslücken zu schließen. Isaac Newton formulierte aus diesem Grunde bescheiden: „Wenn ich weiter geblickt habe, so deshalb, weil ich auf den Schultern von Riesen stehe."

Wissenschaft will **nachvollziehbare, wiederholbare und allgemeingültige Ergebnisse** liefern. Wissenschaft geht also stets logisch, methodisch und strukturiert vor.

Nun wissen Sie, welche Ziele die Wissenschaft verfolgt. Weil Wissenschaft bestimmte Ziele verfolgt, werden an wissenschaftliche Texte besondere Ansprüche gestellt. Das heißt, damit eine Arbeit als wissenschaftlich gelten kann, muss sie bestimmten Qualitätskriterien entsprechen, die sie von nicht-wissenschaftlichen Arbeiten unterscheidet.

Die Qualitätskriterien, die wissenschaftliche Texte von nichtwissenschaftlichen Texten unterscheiden, lassen sich aus den Zielen der Wissenschaft ableiten. Wenn Sie diese Kriterien kennen, wissen Sie, nach welchen Gesichtspunkten wissenschaftliche Texte – auch Ihrer! – bewertet werden:

Begründetes Erkenntnisinteresse: Das Thema und die Fragestellung einer wissenschaftlichen Arbeit besitzen eine übergeordnete Relevanz und sind nicht nur für Sie allein von Bedeutung. Ihre persönlichen Erlebnisse, Empfindungen oder Vorlieben haben daher in einer wissenschaftlichen Arbeit nichts zu suchen. Machen Sie deutlich, welches konkrete Problem innerhalb Ihres gewählten Themas Sie bearbeiten wollen, warum die Lösung dieses Problems wichtig ist und formulieren Sie ausgehend von diesem Problem eine eindeutige Fragestellung. Diese Punkte behandeln Sie in der Einleitung Ihrer Arbeit. (Siehe Kapitel 2.1 und 2.3)

Nach welchen Gesichtspunkten Ihr Betreuer Ihre Arbeit liest: *Ist das Thema der Arbeit klar umrissen? Wird deutlich, für welches Problem innerhalb des gewählten Themas eine Lösung gefunden werden soll und warum die Lösung des genannten Problems für die Allgemeinheit von Bedeutung ist? Ist die Fragestellung präzise und eindeutig? Kurz und gut: Wird das Erkenntnisinteresse der Arbeit deutlich?*

Einbindung in den Forschungsstand: Wissenschaft ist immer Teil eines Prozesses. Machen Sie deutlich, welche Forschungen Ihrer Arbeit vorangegangen sind und inwiefern Ihre Arbeit darauf aufbaut. Im Idealfall schließt Ihre Arbeit vorhandene Forschungslücken und erweitert so den aktuellen Wissensstand. Ihre Arbeit sollte nicht in einem reinen Nacherzählen bereits vorhandener Literatur bestehen. Zu Themen und Fragestellungen, die schon bearbeitet und beantwortet sind, brauchen Sie kein weiteres Werk zu schreiben, das die bekannten Ergebnisse lediglich wiederholt. Suchen Sie stattdessen nach den offenen Fragen innerhalb Ihres Themas.

Allerdings sind die Ansprüche an die Einbindung in den Forschungsstand je nach Art der wissenschaftlichen Arbeit unterschiedlich. So wird bei einer Hausarbeit erwartet, dass der Kandidat die grundlegenden Standardwerke und einige aktuelle Literatur zu seinem Forschungsthema benennen und nutzen kann. Von einem Bachelorkandidaten wird erwartet, dass er sich im gesicherten Wissensraum mit einer eigenen

Fragestellung selbstständig bewegen kann. Ein Masterkandidat wiederum soll auch die Ränder des Wissensraums erkunden können und ein Doktor den Wissensraum erweitern.

Welche Forschungslücken es gibt, finden Sie bei der Recherche heraus. Inwieweit Ihre Arbeit auf dem aktuellen Forschungsstand aufbaut, verdeutlichen Sie innerhalb Ihrer Arbeit im Abschnitt „Forschungsstand". (Siehe Kapitel 2.2 und 2.4)

Nach welchen Gesichtspunkten Ihr Betreuer Ihre Arbeit liest: *Ist das dargestellte Problem, die Fragestellung und das Erkenntnisinteresse in den aktuellen Forschungs- und Diskussionsstand eingebunden? Wird deutlich, inwiefern die Arbeit einen Beitrag zum aktuellen Forschungsstand liefert? Welche und wie viele Quellen verwenden Sie in Ihrer Arbeit (Quantität und Qualität der Quellen)? Handelt es sich um wissenschaftliche Quellen? Haben Sie die Standardliteratur berücksichtigt?*

Nachvollziehbarkeit: Sie argumentieren logisch und aufeinander aufbauend. Sie begründen Ihre Argumente und ziehen daraus die richtigen Schlussfolgerungen. Der logische Aufbau Ihrer Arbeit kommt unter anderem in der Gliederung zum Ausdruck. (Siehe Kapitel 2.4)

Nach welchen Gesichtspunkten Ihr Betreuer Ihre Arbeit liest: *Sind Gliederung und Arbeit logisch aufgebaut und ist die Struktur nachvollziehbar? Bauen die einzelnen Argumente aufeinander auf, oder springen Sie im Thema hin und her? Wie intensiv setzen Sie sich mit dem Thema auseinander (Analysetiefe)? Dient alles, was Sie schreiben, der Beantwortung Ihrer Fragestellung, oder verlieren Sie den Themenbezug?*

Überprüfbarkeit: Was immer Sie behaupten, müssen Sie auch belegen können. Können Sie Ihre Aussage nicht belegen, handelt es lediglich um eine Behauptung. In Ihrer Arbeit dienen die Quellenangaben (Zitate) der Überprüfbarkeit Ihrer Behauptungen durch den Leser. (Siehe Kapitel 2.6)

Nach welchen Gesichtspunkten Ihr Betreuer Ihre Arbeit liest: *Sind Ihre Quellenangaben korrekt und nachvollziehbar (sind also alle von Ihnen verwendeten Quellen durch den Leser auffindbar)?*

Objektivität: Emotionen und Subjektivitäten haben keinen Platz in einer wissenschaftlichen Arbeit. Sie formulieren sachlich und neutral. Vermeiden Sie die

„Ich-Form", denn „Ich" signalisiert eine subjektive Sichtweise. Vermeiden Sie emotionale Beschreibungen, denn Emotionen sind nicht objektiv. Halten Sie sich ausschließlich an Fakten und interpretieren Sie diese. Sorgen Sie dafür, dass der Leser die Fakten einerseits und Ihre Interpretation und Bewertung andererseits immer klar voneinander trennen kann. Ausschlaggebend hierfür ist eine angemessene Sprache. (Kapitel 2.7)

Nach welchen Gesichtspunkten Ihr Betreuer Ihre Arbeit liest: *Beherrschen und verwenden Sie Fachbegriffe? Ist Ihre Sprache sachlich und klar? Sind Ihre Aussagen Folge einer logischen Argumentation und daher objektiv für alle nachvollziehbar oder „glauben", „denken", „meinen" Sie nur?*

Validität: Wenn eine von Ihnen getroffene Aussage „valide" ist, dann bedeutet dies, dass Ihre Aussage gültig bzw. belastbar ist. Nehmen wir an, Sie hätten beobachtet, dass immer dann, wenn die Storchendichte in Mecklenburg-Vorpommern zunimmt, dort auch mehr Kinder zur Welt kommen. Nehmen wir an, dass Sie sehr genau gemessen haben, dass Ihre Zahlen also reliabel sind. Wenn Sie nun aber aus Ihren Beobachtungen schließen, dass der Storch die Kinder bringt, so ist Ihre Aussage nicht valide.

Nach welchen Gesichtspunkten Ihr Betreuer Ihre Arbeit liest: *Sind Ihre Schlussfolgerungen begründet und nachvollziehbar? Haben Sie die von Ihnen herausgefundenen Fakten richtig interpretiert?*

Weitere wichtige Gesichtspunkte, nach denen Ihr Betreuer die Arbeit liest: *Haben Sie erkennbar eigenständig und kritisch gearbeitet, oder referieren Sie vorwiegend, was andere bereits vor Ihnen geschrieben haben? Beschreiben Sie Sachverhalte nur, oder problematisieren, erläutern, analysieren, und argumentieren Sie? Gelingt Ihnen ein sinnvolles Fazit, dass Ihre Forschungsergebnisse zusammenfasst und Ihre Erkenntnisse kritisch würdigt? Haben Sie formal korrekt gearbeitet und alle Vorgaben eingehalten? Dies bezieht sich außer auf die Zitation auch auf das Titelblatt, das Inhaltsverzeichnis, das Literaturverzeichnis, das Layout der Arbeit sowie auf Rechtschreibung, Interpunktion, Grammatik und Stil Ihrer Arbeit.*

Bevor wir uns nun konkret der Erstellung Ihrer Arbeit zuwenden, erlauben Sie mir noch ein paar Worte zum Nutzen, den Ihnen die Beherrschung der Techniken wissenschaftlichen Arbeitens bringt. Wir leben in einer Welt, in der die Fülle des Wissens kaum noch zu überblicken ist. Zugleich bietet uns beispielsweise das Internet die Möglichkeit, nahezu jederzeit auf diesen riesigen Wissenspool zuzugreifen. Doch wie finde ich überhaupt die für mich notwendigen Informationen? Wie kann ich „gute“ von „schlechten“ Informationen unterscheiden? Und wie kann ich schließlich die gefundenen Informationen für mich nutzbar machen? Techniken wissenschaftlichen Arbeitens ermöglichen es Ihnen, Informationen

- zu recherchieren,
- zu analysieren,
- zu bewerten
- und die gewonnenen Erkenntnisse in einer für sich und andere nachvollziehbaren Weise zu präsentieren.

Wenn Sie die Techniken wissenschaftlichen Arbeitens beherrschen, beherrschen Sie also zentrale Schlüsselqualifikationen, um als selbständig und kritisch denkender Mensch den Anforderungen des lebenslangen Lernens in der Wissensgesellschaft zu entsprechen und eigenständige und kreative Lösungen zu finden. Diese Problemlösungskompetenz versetzt Sie in die Lage, Herausforderungen und Probleme zu einer Fragestellung zu konkretisieren, die Sie dann mit Blick auf eine Lösung selbständig bearbeiten. Dies unterscheidet Sie von Menschen, die lediglich gelernt haben, stets nach Schema F vorzugehen oder/und Ihr Wissen lediglich aus dem Standardhandbuch gewinnen. Ist hier die Lösung des Problems nicht zu finden, sind Menschen ohne Problemlösekompetenz am Ende ihres Lateins.

Angesichts dieses Ideals erscheint es sicherlich unverständlich, dass die Prüfer scheinbar oft mehr auf die Einhaltung dieser Formalia als auf den Inhalt der Arbeit achten. Welche Rolle spielen also die Formalia wie das korrekte Zitieren, die Vorgaben für Schriftgrößen, Zeilenabstände etc. für den Wert einer wissenschaftlichen Arbeit?

Erst die Einhaltung der Formalia macht einen wissenschaftlichen Text lesbar und vergleichbar mit anderen wissenschaftlichen Texten. Sind diese Vorgaben fehlerhaft umgesetzt, so begrenzt dies auch die Aussagekraft des Textes, etwa wenn

Quellenangaben nicht eindeutig genug sind. Sie können sich das so ähnlich vorstellen, wie eine Bewerbung, die zwar inhaltlich in Ordnung ist, die aber vor Rechtschreibfehlern nur so wimmelt. Der Bewerber hätte wohl keine Chance auf eine Anstellung.

Ähnlich wie Sie früher zunächst die korrekte Rechtschreibung lernen mussten, bevor Sie ganze Aufsätze verfassen konnten, müssen Sie nun auch erst die Anwendung der Formalia üben. Darum achten Ihre Betreuer bei Ihren ersten wissenschaftlichen Hausarbeiten besonders auf die Einhaltung der Formalia. Ihre Hausarbeiten stellen letztlich nichts anderes als Übungsaufgaben auf dem Weg zu ihrer ersten „richtigen" wissenschaftlichen Arbeit dar: Ihrer Abschlussarbeit.

2 Sechs Schritte zur Anfertigung einer wissenschaftlichen Arbeit

Üblicherweise gehen Sie in sechs immer gleichen Schritten vor, wenn Sie eine wissenschaftliche Arbeit anfertigen müssen:

1. Zunächst überlegen Sie sich ein **Thema**, zu dem Sie schreiben möchten.
2. Dann führen Sie eine **erste Recherche** durch und lesen sich in Ihr Thema ein.
3. Haben Sie einen ersten Überblick über Ihr Thema gewonnen, formulieren Sie die konkrete **Fragestellung**, der Sie in Ihrer Arbeit nachgehen werden.
4. Haben Sie eine gute Fragestellung gefunden, machen Sie sich Gedanken über die **Gliederung** Ihrer Arbeit.
5. Schließlich überlegen Sie sich eine **Methode**, die dazu geeignet ist, Ihre Frage zu beantworten.
6. Zum Schluss verfassen Sie den **Text** Ihrer Arbeit.

Zuvor sollten Sie jedoch einen „Projektplan" für Ihre Arbeit aufstellen. Dieser Projektplan sollte sowohl die einzelnen Arbeitsschritte als auch einen groben Zeitplan umfassen. Am besten machen Sie sich einfach eine Checkliste, auf der Sie die einzelnen Arbeitsschritte abhaken können, sobald sie erledigt sind. Eine solche Checkliste könnte wie folgt aussehen:

- **Rahmenbedingungen klären**
    a. Wie viel Zeit habe ich für meine Arbeit? (Ab wann darf ich anfangen zu arbeiten? Bis wann muss die Arbeit spätestens abgegeben werden?)
    b. Gibt es wichtige Termine, die ich einhalten muss? (Muss ich zuvor ein Exposé einreichen? Muss ich zu bestimmten Terminen Rücksprache mit meinem Betreuer halten? Müssen eine Betreuungszusage des Betreuers oder andere Belege beim Prüfungsamt vorgelegt werden (ggf.: wann?)?
    c. Welche Vorgaben gibt es für die Erstellung der Arbeit und wo finde ich diese Vorgaben? (Seitenzahl (höchstens und mindestens!)? Breite der Seitenränder? Schriftart und –größe? Gibt es Vorgaben für die Zitierweise? Gibt es eine festgelegte Gestaltung des Titelblatts? Wie ist mit digitalen (Internet) Quellen umzugehen? (Müssen diese per Screen-Shot auf CD-Rom o. ä. der Arbeit beigefügt werden?) In welcher Form muss die Arbeit abgegeben werden? (Gebunden, Schnellhefter, etc.)
    d. Wie intensiv betreut der Dozent seine Studenten? Kann ich bei Fragen und Problemen Rücksprache mit ihm halten? Ist der Betreuer bereit, ggf. Teile meines Textes vorab zu lesen?
- **Zeitplan erstellen**
    e. Planungsphase: Erkundigungen zu den Punkten unter 1. einholen, Thema überlegen und eingrenzen. Erste Literatur sichten. Ggf. ein Exposé schreiben.
    f. Konkretisierungsphase: Fragestellung herausarbeiten und präzisieren, weitere Literatur beschaffen und auswerten. Gliederung entwerfen.
    g. Schreibphase: Rohfassung des Textes erstellen, weitere Quellen beschaffen und einarbeiten, Gliederung anpassen.
    h. Korrekturphase: Rohtext inhaltlich und sprachlich überarbeiten (stimmt die logische Struktur? Bauen die einzelnen Abschnitte sinnvoll aufeinander auf? Habe ich tatsächlich geschrieben, was ich meinte, oder muss ich meine Sätze weiter präzisieren?). Text von mindestens einer weiteren Person gegenlesen lassen! Kann die Person den Inhalt meiner Arbeit korrekt in eigenen Worten wiedergeben? Wenn nicht: Woran liegt es? (Missverständliche Formulierungen?

Unlogischer Aufbau? Unpräzise Fragestellung? Kein roter Faden erkennbar?)

i. Abgabe: Sich auf „Unvorhergesehenes" einstellen: Liegt der Abgabetermin direkt nach einem Sonn- oder Feiertag? Brauche ich Zeit fürs binden?

Es liegt auf der Hand, dass Ihr konkreter Zeitplan von der Gesamtzeit abhängig ist, die Sie für Ihre Arbeit zur Verfügung haben. Generell lässt sich aber sagen, dass häufig die für die Literaturrecherche und –auswertung benötigte Zeit von den meisten Studenten unterschätzt wird. Tatsächlich dauert diese Phase mindestens so lange, wie die eigentliche Schreibphase, häufig ist sie sogar länger.

Nachdem Sie nun einen Fahrplan für die Erstellung Ihrer Arbeit aufgestellt haben, widmen wir uns nun den einzelnen Arbeitsschritten. Wir beginnen mit der Suche nach dem Thema.

2.1 Das Thema: Worüber will/soll ich schreiben?

Als erstes überlegen Sie sich, zu welchem Thema Sie schreiben wollen. Ein Thema ist dann gut gewählt, wenn es innerhalb des Themas unterschiedliche Sichtweisen zu bestimmten Aspekten gibt. Nur wenn es innerhalb eines Themas Fragen bzw. Probleme gibt, die kontrovers diskutiert werden, eignet sich dieses Thema für Ihre Arbeit. Denn aus dem Problem innerhalb des von Ihnen gewählten Themas, ergibt sich automatisch Ihre Fragestellung, die im Grunde immer lautet: Wie ist dieses Problem zu lösen? Der Weg vom Thema sieht also vereinfacht immer wie folgt aus:

THEMA → PROBLEM innerhalb des Themas → FRAGESTELLUNG (Wie kann dieses Problem gelöst werden und/oder wie lässt sich das Phänomen erklären?)

Das Thema entspricht also noch keineswegs der Fragestellung. Nehmen wir an, Ihr Thema lautet „Gewalt im sozialen Nahraum" – können Sie anhand dieses

Beispielthemas bereits erkennen, welche Fragstellung hier bearbeitet wird? Sicher nicht. Dazugehörige Probleme können sich mit Gewalt gegen alte Menschen, mit Gewalt gegen Frauen, mit Gewalt gegen Kinder, mit Gewalt gegen Männer, mit Gewalt von Kindern gegen ihre Eltern, mit Stalking, mit Präventionsansätzen, mit Ursachenforschung, Erklärungsansätzen und vielem mehr beschäftigen. Aus diesen Problemen leiten Sie wiederum die Fragestellung ab. Doch bevor wir in Abschnitt 2.3 auf die Fragestellung eingehen, schauen wir uns an, *wie* Sie ein passendes Thema finden. Dafür gibt es verschiedene Möglichkeiten:

Die erste Möglichkeit besteht darin, sich von Ihrem Dozenten ein Thema vorgeben zu lassen. Das klingt zwar bequem und einfach, ich rate Ihnen jedoch davon ab und zwar aus folgendem Grund: Der jeweilige Dozent wird Ihnen ein Thema *seiner* Wahl vorschlagen Es ist jedoch nicht gesagt ist, dass es Sie gleichermaßen stark interessiert oder gar fesseln kann, wie Ihren Dozenten. Sie müssen sich aber für eine längere Zeit und sehr intensiv mit diesem Thema beschäftigen. Bringen Sie die Motivation dafür auf, obwohl Ihnen das vorgegebene Thema möglicherweise gar nicht zusagt? Achten Sie also vor allem darauf, dass Sie das Thema, das Sie bearbeiten wollen, auch wirklich interessiert!

Um ein Thema zu finden können Sie aber auch Themenkomplexe aus dem Seminar/der Vorlesung aufgreifen, die Sie besonders interessiert haben und bei denen für Sie noch Fragen offen geblieben sind. Welche Themen haben Sie während Ihres Studiums immer wieder interessiert? Welche Themen wurden innerhalb eines Seminars besonders kontrovers diskutiert? Vielleicht hat Ihr Dozent im Seminar schon selbst darauf hingewiesen, dass es zu einer bestimmten Frage unterschiedliche Lehrmeinungen/Ansichten/Argumente gibt?

Oder Sie greifen auf ein Thema zurück, das Sie schon lange interessiert hat und das Sie näher und tiefer beleuchten wollen. Doch Achtung: Sie sollten kein Thema auswählen, bei dem Sie persönlich allzu sehr betroffen sind. Ihnen würde mit großer Wahrscheinlichkeit die notwendige Distanz und Objektivität fehlen, um sachlich und neutral über dieses Thema zu schreiben. Sollten Sie beispielsweise schon einmal Opfer von Mobbing geworden sein, sollten Sie nicht unbedingt eine Hausarbeit über dieses Thema verfassen.

Eine weitere Möglichkeit besteht darin, Probleme und Diskussionen aus der aktuellen Berichterstattung aufzugreifen. Was wird in der Öffentlichkeit gerade besonders kontrovers diskutiert? Derzeit wären dies beispielsweise die Euro-Krise, die Bedrohung durch den Terrorismus, der demographische Wandel, die angebliche oder tatsächliche Bildungsmisere, das Problem Rechtsextremismus (NSU-Prozess und NPD-Verbot), die Frage der sozialen Gerechtigkeit, die Sexismusdebatte, etc. Wenn Sie auf diese Weise vorgehen achten Sie darauf, dass Sie möglichst schnell Fachliteratur zu diesen Themen zu Rate ziehen und sich nicht nur auf Zeitungs- und Fernsehmeldungen verlassen, denn in der Fachliteratur – vor allem in entsprechenden Zeitschriften – werden diese aktuellen Themen bereits auf wissenschaftlichem Niveau diskutiert. Allerdings liegt gerade hier das Problem aktueller Debatten, weil die wissenschaftliche Betrachtung aktueller Phänomene noch nicht abgeschlossen und publiziert ist. Sie dürften also einige Schwierigkeiten haben, an wissenschaftliche Beiträge zu aktuellen Debatten zu kommen.

Ein vielversprechender Weg ist es, zu recherchieren, wo gerade Seminare, Fortbildungen, Kongresse, Tagungen, etc. zu Ihrem Studienfach stattfinden. Schauen Sie sich die Programme und Vortragsthemen dieser Tagungen genau an und überlegen Sie, welches der Themen für Ihre Arbeit interessant sein könnte.

Fragen Sie Ihren Betreuer oder in der Bibliothek, welche Fachzeitschriften für Ihren Studiengang wichtig sind. Suchen Sie sich die aktuellen Ausgaben dieser Fachzeitschriften heraus und suchen Sie nach Themen, die Sie interessieren. Achten Sie darauf, welches Problem innerhalb dieses Themas kontrovers diskutiert wird.

Holen Sie sich Anregungen für ein eigenes Thema, indem Sie sich bereits geschriebene Bachelor-, Master- oder Diplomarbeiten ansehen. Achten Sie aber darauf, dass Sie nicht das gleiche Thema noch mal bearbeiten. Versuchen Sie stattdessen, einen anderen Blickwinkel einzunehmen, vor allem, indem Sie das vorgefundene Thema mit Blick auf Ihr eigenes Fach betrachten.

Sie haben nun einige Anregungen bekommen, wie Sie ein geeignetes Thema für Ihre Arbeit finden können. Haben Sie Ihr Thema gefunden, müssen Sie daran gehen, die konkrete Fragestellung, die Sie bearbeiten wollen, herauszuarbeiten. Um eine Fragestellung zu finden, müssen Sie wissen, welche Aspekte innerhalb Ihres Themas kontrovers diskutiert werden. Oder einfacher: Welche Probleme diskutieren die Wissenschaftler in dem von Ihnen gewählten Fachgebiet gerade? Um dies herauszufinden müssen Sie sich in Ihr Thema einlesen. Dazu benötigen Sie die entsprechende Fachliteratur. Wie Sie sich diese beschaffen, erfahren Sie im nächsten Abschnitt.

2.2 Recherche: Wie finde ich Literatur zu meinem Thema?

Wenn Sie sich für ein Thema entschieden haben, müssen Sie herausfinden, welche Probleme die Forschung innerhalb Ihres Themas gerade diskutiert. Denn wenn Sie ein Problem ausfindig gemacht haben, sind Sie bereits auf dem besten Wege zu einer guten Fragestellung. Umgekehrt gilt: Wenn es kein Problem gibt, das zu lösen oder zu erklären ist, gibt es auch keine Fragestellung, die Sie beantworten könnten.

Welche Probleme gerade in der Forschung diskutiert werden, finden Sie heraus, indem Sie die entsprechende Literatur recherchieren und lesen. Sie können Ihre Recherche selbstverständlich mit Hilfe des Internets beginnen (z.B. Google oder Wikipedia), um einen ersten Überblick zu erhalten. Aber beachten Sie unbedingt, dass die meisten Internetquellen nicht im wissenschaftlichen Sinne zitierwürdig sind (so z.B. Wikipedia). Sie kommen daher nicht umhin, in einem zweiten Schritt auch „richtige", also wissenschaftliche Literatur zu recherchieren.

Aber was ist „wissenschaftliche Literatur"? Zunächst unterscheiden wir verschiedene Arten wissenschaftlicher Literatur: **Monographien** sind Bücher, die sich einer bestimmten Fragestellung innerhalb eines Themas widmen und in der Regel von einem einzigen Autor – seltener von mehreren – verfasst wurden. Der oder die Autoren zeichnen dabei für das gesamte Werk verantwortlich. Es lassen sich also nicht einzelne Kapitel oder Abschnitte verschiedenen Autoren zuordnen. Zu den wissenschaftlichen Monographien zählen auch **Dissertationen** und **Habilitationen**. **Lehr- und Handbücher** sind hingegen Werke, mit deren Hilfe Sie sich zwar in ein Thema einlesen können, die Sie aber nach Möglichkeit nicht zitieren sollten.

Anders als Monographien sind **Aufsatzsammlungen** Bücher, die verschiedene Aufsätze (Fachartikel) mehrerer Autoren zu verschiedenen Fragestellungen innerhalb eines Themas beinhalten. Sie erkennen eine Aufsatzsammlung daran, dass auf dem Cover keine Autoren, sondern Herausgeber (Hrsg.) genannt sind und dass bereits im Inhaltsverzeichnis jeder Abschnitt bzw. jedes Kapitel einem anderen Autor zugeordnet ist. Solche wissenschaftlichen Aufsätze finden Sie auch in **Fachzeitschriften**.

Wenn Sie eine Quelle gefunden haben, müssen Sie sich als erstes die Frage stellen, ob die Quelle für alle Leser allgemein zugänglich ist, ob die Quelle also zitier*fähig* ist. Dies gilt beispielsweise nicht für Powerpointfolien Ihres Dozenten. Als nächstes müssen Sie einschätzen, ob die Quelle auch wissenschaftlichen Standards entspricht, ob sie also zitier*würdig* ist. Damit die Quelle als wissenschaftlich gelten kann, muss sie bestimmten Kriterien genügen:

- Ist der Autor / Herausgeber namentlich bekannt? Welche Reputation hat der Autor? (Ist er ein anerkannter Experte?)
- Sind die Gliederung und die Argumentation der Arbeit logisch aufgebaut?
- Sind die Quellen und die angewandte Methode nachvollziehbar?
- Hat der Autor wissenschaftliche Quellen benutzt? (Gibt es Quellenangaben und ein Literaturverzeichnis?)
- Gibt es mehrere Auflagen des Werkes? (Je mehr Auflagen es gibt, umso häufiger wurde das Buch verkauft, umso eher handelt es sich um ein wichtiges Standardwerk.)
- Wie aktuell ist das Werk? Ist es vielleicht schon veraltet?
- In welchem Verlag ist das Werk erschienen? Handelt es sich um einen anerkannten Fachverlag, um einen Verlag, der für populärwissenschaftliche Bücher bekannt ist oder gar um einen kleinen und unbekannten Verlag?
- Nutzt der Autor eine sachlich-neutrale Sprache, oder versucht er den Leser durch Polemik, Rhetorik, Emotionen oder einem reißerischen Stil zu beeinflussen?

Mit diesen Kriterien im Kopf müssen Sie sich nun auf die Suche nach Literatur zu Ihrem Thema machen. Ganz wichtig ist in diesem Zusammenhang, dass sie vor allem aktuelle Literatur ausfindig machen. Literatur zu Ihrem Thema, die bereits vor 10, 15 oder 20 Jahren erschienen ist, ist mit größter Wahrscheinlichkeit bereits überholt und veraltet.

Bedeutet dies nun, dass Sie nichtwissenschaftliche Quellen wie die Tages-Zeitungen, nichtwissenschaftliche Internetquellen, etc. nicht zitieren dürfen? Doch, Sie dürfen. Sie können z.B. keine Arbeit über die Wirkung der Bild-Zeitung schreiben, ohne die Bild-Zeitung zu zitieren. Allerdings müssen Sie immer klar machen, welchen Wert die Quelle hat, Sie müssen also Quellenkritik betreiben.

Wie finden Sie nun aktuelle wissenschaftliche Literatur? In einem ersten Schritt müssen Sie sich darüber klar werden, mit welchen Suchbegriffen Sie die Suchmaschinen füttern wollen. Achten Sie dabei insbesondere auf Fachbegriffe und Synonyme. Unterstützung bei der Suche nach den richtigen Synonymen und Schlagworten finden Sie im Internet beispielsweise unter http://www.openthesaurus.de/ oder im Schlagwortindex der von Ihnen genutzten Bibliothek. Haben Sie schon eine erste Quelle gefunden, so lohnt es sich, deren Literaturverzeichnis durchzusehen. Hier werden Sie weitere Hinweise auf Suchbegriffe finden, die Sie für Ihre Recherche benötigen.

Geben Sie diese Schlagwörter nun einzeln oder in Gruppen in die Suchmaske des Bibliothekskatalogs Ihrer Hochschule oder Heimatbibliothek ein. Neben den Katalogen Ihrer Hochschule und Ihrer Heimatbibliothek stehen Ihnen für Ihre Literaturrecherche eine Reihe von Onlinekatalogen zur Verfügung. Zu nennen wäre hier neben **Google Scholar** (http://scholar.google.de/) und **Google Books** (http://books.google.com/) besonders der **„KVK" (Karlsruher Virtueller Katalog)**, den Sie im Internet unter http://www.ubka.uni-karlsruhe.de/kvk.html finden.

Der **„Gemeinsame Bibliotheksverbund" (GBV)** http://www.gbv.de/ listet und liefert neben Monographien auch Zeitschriftenartikel.

Einer der umfangreichsten Kataloge für Zeitschriften ist die **Zeitschriftendatenbank (ZDB)**, im Internet unter http://dispatch.opac.d-nb.de/LNG=DU/DB=1.1/ zu finden.

Subito (http://www.subito-doc.de/index.php) ist ein Dokumentenlieferservice, der Ihnen Kopien von Artikeln und Büchern gegen eine entsprechende Entgeltzahlung direkt nach Hause schickt.

Die aktuellste Literatur, die Sie vermutlich ausfindig machen können, sind **Zeitschriftenaufsätze**[1]. Dabei ist die Rede von **Fachartikeln**, nicht von Artikeln im SPIEGEL, der Süddeutschen Zeitung oder ähnlichen Veröffentlichungen. Um solche Fachartikel ausfindig zu machen, werden Sie im Regelfall die Inhaltsverzeichnisse oder Registerbände einschlägiger Fachzeitschriften Jahr für Jahr durchsuchen müssen. Sie brauchen dabei normalerweise aber nur auf diejenigen Fachzeitschriften zurückgreifen, die für Ihr Thema tatsächlich relevant sind. So haben sowohl Juristen

[1] Solche Fachartikel zeichnen sich dadurch aus, dass sie vor Ihrer Veröffentlichung mehrfach durch fachkompetente Lektoren gegengelesen wurden, bevor der Autor die Genehmigung zur Veröffentlichung erhält. Damit soll gewährleistet werden, dass der Inhalt des Fachartikels wissenschaftlichen Standards und dem aktuellen Wissensstand entspricht.

als auch Soziologen, sowohl Historiker und Politikwissenschaftler als auch Mediziner und Psychologen je eigene einschlägige Fachzeitschriften. Machen Sie sich daher vor Ihrer Recherche entweder beim Bibliothekspersonal, bei Ihrem Betreuer oder im Internet[2] kundig, welche Fachzeitschriften für Sie am ehesten einen Rechercheerfolg bereit halten werden.

Neben Fachartikeln sollten Sie unbedingt auch **Monographien** in Ihre Recherche einbeziehen. Diese finden Sie, indem Sie Ihr Thema betreffende Schlagworte in die Suchmaschinen Ihrer Bibliothek eingeben. Auch hierbei ist unbedingt auf aktuelle Literatur zu achten.

Haben Sie erstmal eine aktuelle Quelle zu Ihrem Thema gefunden – sei es ein Fachartikel oder eine Monographie –, folgen Sie bei Ihrer weiteren Recherche am besten dem Schneeballsystem: Bestandteil einer jeden wissenschaftlichen Arbeit ist ein Literaturverzeichnis, in dem die für die Arbeit verwendete Literatur aufgeführt wird. Das gilt natürlich auch für den von Ihnen gefunden Fachartikel oder die Monographie. Sie haben also nun ein hoffentlich recht umfangreiches Literaturverzeichnis vor sich, das fast ausschließlich weitere wissenschaftliche Quellen zu Ihrem Thema beinhaltet. Haben Sie einige dieser Quellen ausfindig gemacht, können Sie auch von hier aus wieder nach dem Schneeballsystem weiter verfahren.

[2] Einen allgemeinen Überblick über Fachzeitschriften finden Sie unter http://www.fachzeitungen.de/seite/p/katdet/katid/50/katidsub/52. Eine Auflistung juristischer Fachzeitschriften finden Sie z.B. unter http://www.jurakopf.de/juristische-zeitschriften/ Soziologische Zeitschriften können Sie unter http://www.soziologie-forum.com/soziologie-zeitschriften-und-zeitschriften-fur-sozialtheorie-t-144.html finden. (Sämtliche Links abgerufen am: 13. Oktober 2011).

2.3 Die Fragestellung: Was ist eine gute Fragestellung für meine Arbeit?

Haben Sie sich erstmal einen Überblick über Ihr Thema verschafft, ist es an der Zeit, eine konkrete Fragestellung herauszuarbeiten. Dabei müssen Sie darauf achten, dass Sie eine „gute Fragestellung“ formulieren. Bei einer „schlechten Fragestellung“ werden Sie große Schwierigkeiten haben, eine ordentliche wissenschaftliche Arbeit abzuliefern. Neben der Gliederung ist eine gute Fragestellung die wichtigste Voraussetzung für das Gelingen Ihrer Arbeit.

Aber was macht eine gute bzw. eine schlechte Fragestellung aus? Eine schlechte Fragestellung wäre zum Beispiel eine Frage, die viel zu eng gefasst ist: „Sollte die NPD verboten werden?“ Eine solche Frage ließe sich nur mit „ja“ oder „nein“ beantworten – der Erkenntnisgewinn hielte sich in Grenzen.

Wenn Sie die Frage aber leicht umformulieren, gewinnt Ihre wissenschaftliche Arbeit sogleich wesentlich an Tiefe: „Was spricht für/gegen ein Verbot der NPD?“ Nun könnten Sie in Ihrer Arbeit Pro- und Contra-Argumente diskutieren. Kurz gesagt: Formulieren Sie Ihre Frage möglichst in Form einer „W-Frage“: „Warum?“, „Wozu?“, „Wie?“, „Welche?“, etc....

Sie können Ihre Fragestellung auch als These formulieren oder – falls Sie eine relativ komplexe Fragestellung haben – diese durch Thesen untergliedern. Auch hier bietet es sich an, keine einfachen Ja/Nein-Thesen zu formulieren, sondern Beziehungs-Thesen nach dem Wenn/Dann-Schema: „*Wenn* die NPD verboten werden sollte, *dann* führt das zu….“, „*Wenn* ein gesetzlicher Mindestlohn eingeführt wird, *dann* hat dies zur Folge, dass….“, etc. Auch sind Thesen mit „je – desto“, „um – zu“ oder „weil – ist“ geeignet.

Sie müssen aber zugleich darauf achten, dass Ihre Fragestellung/Ihre These nicht zu weit gefasst ist. Damit sind Fragen gemeint, für deren Beantwortung Sie viele hundert Seiten schreiben müssten. Sie sollten also nicht den Versuch unternehmen, in Ihrer wissenschaftlichen Arbeit das gesamte Universum zu erklären.

Eine gute Fragestellung für Ihre Arbeit haben Sie gefunden, wenn es Ihnen gelingt, einem Fremden abends in der Bar beim Bier in höchstens drei Sätzen zu erklären, was das Thema Ihrer Arbeit ist, welches Problem Sie angehen wollen und wie die dazugehörige Fragestellung lautet. Brauchen Sie deutlich länger, um dem Fremden Ihr Vorhaben zu erklären, haben Sie mit größter Wahrscheinlichkeit das

Problem und die Fragestellung noch nicht präzise genug formuliert – und zudem einen nun frustrierten Gesprächspartner verloren.

Das heißt, Ihre Fragestellung muss **möglichst exakt und präzise** sein. Sie müssen sich während des Schreibprozesses Ihre Fragestellung immer wieder vor Augen halten und mit ihrer Hilfe in der Lage sein, genau zu entscheiden, welche der Ihnen vorliegenden Informationen zum Thema Sie in Ihren Text aufnehmen und welche nicht. Was nicht der Beantwortung Ihrer Fragestellung dient, müssen Sie weglassen. Andernfalls laufen Sie Gefahr, sich zu verzetteln. Ihre Fragestellung dient Ihnen also als Lotse, um immer den Roten Faden Ihrer Arbeit im Blick zu behalten. Damit sind wir auch schon beim nächsten Arbeitsschritt: der Gliederung, also dem roten Faden Ihrer Arbeit.

2.4 Die Gliederung: Wozu dient die Gliederung und wie gliedere ich meine Arbeit am besten?

Struktur, Struktur, Struktur! Die Bedeutung der Gliederung für eine Arbeit ist nicht zu überschätzen. Nur, wenn ein Text eine klar erkennbare Struktur aufweist, wird er für den Leser verständlich und nachvollziehbar. Wir werden in diesem Kapitel daher etwas ausführlicher auf die Bedeutung der Gliederung eingehen und wie ein Text standardmäßig gegliedert werden sollte. Anschließend betrachten wir näher, welchen Inhalt die einzelnen Abschnitte wie „Einleitung“, „Forschungsstand“, etc. haben sollten.

Der Gliederung Ihrer Arbeit kommt vor allem folgende Bedeutung zu:

- Die Gliederung bildet das „Skelett“ Ihrer Arbeit. Der Leser (und auch Ihr Dozent) wird sie gleichsam als Wegweiser durch Ihr Werk ansehen. In ihr spiegelt sich also der **rote Faden** und die Argumentationskette Ihres Textes wieder.
- Ihre Gliederung dient Ihnen als **Arbeitsgrundlage für die Gespräche mit Ihrem Betreuer.** Denn dieser hat ja zunächst nicht viel mehr von Ihnen vorliegen, als die Gliederung, die Fragestellung und vielleicht eine vorläufige Literaturliste.

- Die Gliederung ist aber zugleich auch **Arbeitsgrundlage für Sie selbst**, an der Sie sich beim Abfassen Ihres Textes orientieren.
- Die endgültige Fassung Ihrer Gliederung wird schließlich mit dem **Inhaltsverzeichnis** Ihrer Arbeit identisch sein.

Die Gliederung zeigt also in erster Linie, ob es Ihnen gelungen ist, Ihr Thema und den Weg zur Beantwortung Ihrer Fragestellung so zu strukturieren, dass die einzelnen Schritte logisch aufeinander aufbauen und nachvollziehbar sind. Anhand Ihrer Gliederung kann Ihr Betreuer meist sofort erkennen, ob Sie sich noch auf der Zielgeraden bewegen, oder zwischenzeitlich vom Wege abgekommen sind.

Es ist nichts Ungewöhnliches, dass eine Gliederung während des Arbeitsprozesses noch mehrfach verändert wird. Das kann daran liegen, dass während des Schreibvorgangs neue Aspekte auftauchen, die Sie anfangs nicht bedacht haben oder daran, dass Ihnen erwartetes Quellenmaterial doch nicht zur Verfügung steht oder dass Sie, umgekehrt, plötzlich auf Quellen stoßen, die Sie zuvor nicht in Betracht gezogen hatten. Ihr erster Gliederungsentwurf ist also nicht in Stein gemeißelt. Sie sollten jedoch grundsätzlich jede wichtige Änderung Ihrer Gliederung mit Ihrem Betreuer besprechen.

Eine Gliederung weist meistens verschiedene Gliederungs**ebenen** auf (also z.B. Kapitel 1 (Erste Gliederungsebene), Kapitel 1.1 (Zweite Gliederungsebene) und Kapitel 1.1.1 (Dritte Gliederungsebene). Achten Sie aber darauf, dass Sie nicht zu kleinschrittig gliedern: Mehr als drei Gliederungsebenen sollten Sie nicht einplanen. Zuviele Gliederungsebenen verwirren den Leser mehr, als dass Sie zur Klarheit beitragen.

Ferner ist zu berücksichtigen, dass einem Kapitel „1“ auch immer mindestens ein Kapitel „2“ folgen muss. Hätten Sie nur ein einziges Kapitel, bräuchte dieses nicht mit „1“ gekennzeichnet zu werden. Das gilt auch für alle weiteren Gliederungsebenen: Wenn Sie ein Kapitel der zweiten Gliederungsebene verfassen (z.B. Kapitel 1.1) dann muss notwendig mindestens auch ein Kapitel 1.2 folgen.

Eine Gliederungsstruktur könnte also wie folgt aussehen:

1. Einleitung (Hinführung zum Thema und Problemstellung/Fragestellung)

1.1 Forschungsstand und Präzisierung der Fragestellung

1.2 Methode und Vorgehensweise

1.3 Definitionen/Erläuterungen

2 Hauptteil 1 (Erster Schwerpunkt des Themas)

2.1 Erster Teilbereich

2.2 Zweiter Teilbereich

3. Hauptteil 2 (Zweiter Schwerpunkt des Themas)

3.1 Erster Teilbereich

3.1.1 Unterteilung 1

3.1.2 Unterteilung 2

3.2 Zweiter Teilbereich

3.2 1 Unterteilung 1

3.2.2 Unterteilung 2

4. Fazit

Literaturverzeichnis

Abbildungsverzeichnis

Weil die Gliederung für den Leser erkennbar den roten Faden abbilden soll, sollten Sie möglichst mit inhaltsbezogenen Überschriften arbeiten und die funktionalen Überschriften (Einleitung, Fazit etc.) meiden.

Im Folgenden wird gezeigt, wie die einzelnen Kapitel inhaltlich zu füllen sind. Ganz wichtig: achten Sie darauf, nicht nur zu beschreiben, sondern vor allem zu problematisieren, zu erläutern, zu analysieren, zu argumentieren und schließlich korrekte Schlussfolgerungen zu ziehen.

Die Einleitung Ihrer Arbeit – also Hinführung zum Thema, Problematisierung, Fragestellung, Forschungsstand, Methode/Vorgehensweise und ggf. Erläuterungen und Definitionen – sollte insgesamt höchstens 15 – 20 % der gesamten Arbeit umfassen und keinesfalls länger als der ***Haupt***teil sein.

Die Einleitung bildet das Fundament Ihrer Arbeit. Ist das Fundament sicher und fest, steht auch der Rest der Arbeit sicher und fest darauf. Ihre Betreuer lesen als erstes das Inhaltsverzeichnis, die Einleitung und das Literaturverzeichnis/die Fußnoten. Sind diese Teile der Arbeit gut gelungen, haben Sie Ihren Betreuer eigentlich schon auf Ihrer Seite und die Arbeit ist zu mindestens 50 % bestanden. Daher sollten Sie besonders viel Energie auf diese Teile Ihrer Arbeit verwenden!
Im Folgenden erläutere ich Ihnen, wie Sie eine Einleitung mit den entsprechenden Unterpunkten aufbauen können. Stellen Sie sich vor, dass die folgenden umrahmten Seiten den ersten Seiten Ihrer wissenschaftlichen Arbeit entsprechen.

DER IDEALTYPISCHE AUFBEI EINER EINLEITUNG:

1. Einleitung

Zunächst erfolgt eine Hinführung zum Thema. Sie soll Interesse beim Leser wecken und verdeutlichen, wie das Thema lautet und **was warum** an der gewählten Thematik so problematisch ist, dass sich die Wissenschaft/Forschung damit auseinandersetzen sollte. Entsprechend kann diese Hinführung zum Thema thematisch etwas breiter anfangen, weil der Leser ja zunächst an das Thema herangeführt und nicht „ins kalte Wasser gestoßen" werden soll. Die thematische Einführung läuft dann trichterförmig auf das eigentliche Problem zu. Dieses „eigentliche Problem" deutet bereits die Fragestellung an, der die anzufertigende Arbeit nachgehen wird. Die geplante Fragestellung sollte bereits an dieser Stelle benannt werden. Keinesfalls sollte die Nennung der Fragestellung zu spät erfolgen. Der Leser will möglichst früh wissen, worum es in dem vor ihm liegenden Werk gehen wird. Ist das Problem klar benannt, ist die nun logisch folgende Frage, was die Forschung zu diesem Themenkomplex, insbesondere zu dem in der Fragestellung benannten konkreten Problem, bisher geleistet hat:

1.1 Forschungsstand und Präzisierung der Fragestellung

In diesem Unterkapitel erfolgt die Darstellung des aktuellen Forschungsstandes. Im Rahmen einer wenige Seiten umfassenden Hausarbeit kann dieses Abschnitt sehr kurz ausfallen. Hier reicht es, die verwendeten Quellen kurz vorzustellen und zu begründen, warum gerade diese Quellen für die Arbeit ausgewählt wurden.

Für eine Bachelor- oder Masterarbeit fällt der Abschnitt zum Forschungsstand jedoch umfangreicher aus. Dazu werden die zentralen wissenschaftlichen Arbeiten zur Oberthematik kurz mit ihrem jeweiligen Schwerpunkt – sowohl was die Fragestellung als auch was das Ergebnis angeht – dargestellt. Wenn es möglich ist, sollte besonders auf sich widersprechende Forschungsmeinungen geachtet werden. So kann etwa das Forschungsergebnis von Forscher X als klassische These gelten, die Gegenmeinung von Forscher Y als Antithese. (Die entsprechende Synthese herzustellen, könnte Aufgabe einer entsprechenden wissenschaftlichen Arbeit sein.)

Möglicherweise gibt es wissenschaftliche Überblickswerke, die den Anfang in der Darstellung des Forschungsstandes bilden sollten, bevor anschließend Werke zu spezielleren Unterthemen angeführt werden.

Gerade in diesem Kapitel ist es auch angezeigt, eine Bewertung der vorgefundenen Quellen vorzunehmen (Quellenkritik). Von der Qualität der verwendeten Quellen hängt es ab, welche Aussagekraft die auf diesen Quellen fußende wissenschaftliche Arbeit hat.

Zu berücksichtigen ist unter Umständen, mit welcher Intention eine schriftliche Quelle verfasst wurde, wer der Adressat der Quelle ist, in welchem zeitlichen Kontext die Quelle entstanden ist, welcher Sinnzusammenhang existiert, etc.[3]

Zu beachten ist aber auch, welche Qualifizierung der Autor einer verwendeten Quelle aufweist, in welchem Rahmen die verwendete Quelle publiziert wurde und welchen Widerhall die Quelle in der Wissenschaft gefunden hat.

Mit diesem Kapitel beweisen Sie, dass Ihnen der aktuelle Sachstand zu dem von ihm gewählten Thema geläufig ist, dass Sie also wissen, wovon Sie sprechen. Daneben bringt das Kapitel Forschungsstand auch den Leser

---

[3] Diese Form der Quellenkritik ist vor allem bei historischen Quellen anzuwenden.

auf das notwendige Wissensniveau, das er braucht, um die von Ihnen verfasste Arbeit verstehen zu können.

Als Fazit des Kapitels zum Forschungsstand sollte heraus kommen, dass die im ersten Teil der Einleitung beschriebene Problematik entweder noch gar nicht, nur unzureichend, falsch, unter Außerachtlassung aktueller Ereignisse/Entwicklungen etc. oder mit anderem Schwerpunkt als es die in der Hinführung beschriebene Problematik erwarten ließe, behandelt wurde. Das Ergebnis des Kapitels „Forschungsstand" sollte also durchaus sein, dass die zu behandelnde Fragestellung ein Forschungsdesiderat[4] darstellt. Dies ist dann die Legitimation, eine eigene wissenschaftliche Arbeit zu der beschriebenen Problematik zu verfassen. Gäbe es bereits ausreichend gute Literatur zu der angesprochenen Fragestellung, wäre es überflüssig, dieser Literatur ein weiteres Werk hinzuzufügen. Der Anspruch an eine Hausarbeit fällt hier allerdings geringer aus: Hier genügt es, wenn Sie zeigen, dass Sie in der Lage sind, die wichtigste Literatur zu dem von Ihnen gewählten Thema ausfindig zu machen und sich anzueignen.

Notwendig ist nun die Ausformulierung und Präzisierung der Fragestellung, so wie sie für die zu verfassende Arbeit Geltung haben soll. Falls gewünscht, kann die jeweilige Fragestellung noch mit Hilfe von Thesen unterteilt bzw. gegliedert werden. Dies bietet sich vor allem dann an, wenn die Fragestellung selbst recht komplex ist. Bei einfacheren, klareren Fragestellungen kann eine Unterteilung in Thesen u.U. verwirrend sein.[5] Gute Fragestellungen sind dabei weder zu eng (ja/nein-Fragen) noch zu weit (Stoff für eine ganze Bibliothek) gefasst. Hypothesen sollten nach Möglichkeit als „Beziehungshypothesen" formuliert werden, also in der Form „Wenn …, dann …."

Anschließend ist zu klären, mit welcher wissenschaftlichen Methode diese Fragestellung beantwortet werden soll. Die Beantwortung dieser Frage ist Gegenstand des folgenden Unterkapitels.

[4] Desiderate in der Forschung bezeichnen noch offene Forschungslücken.
[5] Grundsätzlich kann jede Fragestellung natürlich auch in Form einer These (Behauptung) formuliert werden, deren Wahrheitsgehalt im Verlauf der Arbeit bewiesen oder widerlegt werden soll.

1.2 Methode und Vorgehensweise

In diesem Kapitel soll erläutert werden, welche wissenschaftliche **Methode** aus welchen Gründen die geeignetste für die gewählte Fragestellung ist. Es sind Vor- und Nachteile der jeweiligen Methode aufzuzeigen, insbesondere, wenn davon die Aussagekraft der zu erwartenden Ergebnisse betroffen ist.

Zu beachten ist, dass nicht jede Methode gleichermaßen für jede Fragestellung geeignet ist. Nehmen wir an, Sie wollen herausfinden, wie Menschen reagieren, wenn vor ihren Augen in der Fußgängerzone ein Fahrrad gestohlen wird. Wenn Sie nun Menschen danach befragen, wie sie sich in einem solchen Falle verhalten würden, bekämen Sie vermutlich andere Ergebnisse, als wenn Sie unbemerkt eine entsprechende Diebstahlsszene beobachten.

Oder stellen Sie sich vor, Sie wollen eine Arbeit zu der Frage schreiben, warum Napoleon seinerzeit von der französischen Bevölkerung so positiv wahrgenommen wurde. Es ist davon auszugehen, dass hier die Methoden der Befragung, des Experten- bzw. Leitfaden gestützten Interviews oder des Experiments nicht zielführend sind.

Auch hier gilt, dass eine solche Methoden-Diskussion weniger in Haus- und Bachelorarbeiten, dafür aber umso eher in Masterarbeiten erwartet wird. Aus diesem Grunde sollen die obigen Hinweise genügen. Falls Sie ausführliche Informationen zu Methoden der Sozialwissenschaften benötigen, finden Sie in diesem E-Book unter „Weiterführende Literatur“ einige Hinweise.

Wünschenswert ist auch eine Erläuterung der **Vorgehensweise**, also der Frage, wann, was, warum, an welcher Stelle der zu verfassenden Arbeit geschrieben wird. Dieser Teil des Unterkapitels „Methode und Vorgehensweise“ entspricht im Grunde der geplanten Gliederung Ihrer Arbeit. Es geht dabei allerdings nicht um eine Nacherzählung des Inhaltsverzeichnisses/der Gliederung, sondern um dessen *Erläuterung*. Es soll also erklärt werden, warum Sie so und nicht anders in Ihrer Arbeit vorgehen werden. An dieser Stelle müsste Ihr Argumentationsgang deutlich werden.

1.3 Definitionen und Erläuterungen

Unter Umständen ist es notwendig, einige für die Arbeit grundlegende Begriffe zu erklären und zu definieren. Dies ist insbesondere dann angezeigt, wenn zu befürchten steht, dass ein solcher Begriff von den Lesern anders interpretiert werden könnte, als dies vom Verfasser der Arbeit intendiert ist. Das Unterkapitel „Definitionen" soll also dafür sorgen, dass alle beteiligten Personen – Autor und Leser – das gleiche Begriffsverständnis haben, da andernfalls die Gefahr besteht, dass Autor und Leserschaft „aneinander vorbei reden".

Es geht dabei nur um solche Begriffe, denen eine zentrale Bedeutung im Rahmen der zu schreibenden Arbeit zukommt und deren inhaltliche Bedeutung nicht jedem unmittelbar einleuchtend sind. Diese zentralen Begriffe stellen quasi das Handwerkszeug des Autors dar, mit dessen Hilfe er sich dem zu bearbeitenden Gegenstand nähern wird. Bevor der Autor sich nun mit dem ihm bereits bekannten Handwerkszeug an die Bearbeitung des Problems begibt, muss er erst noch seinem Leser die einzelnen „Werkzeuge" erklären, damit dieser die folgenden Handlungsschritte nachvollziehen kann.

Für Ihr Definitionen-Kapitel sollten Sie nach Möglichkeit auf Definitionen aus der wissenschaftlichen Literatur zurückgreifen. Diese liegen Ihnen ohnehin in dem Moment vor, wo Sie wissenschaftliche Literatur zu Ihrem Thema gefunden haben. Gegebenenfalls sollten Sie auch verschiedene Definitionen gegenüberstellen, um so auf verschiedene Verwendungen eines Begriffes aufmerksam zu machen.

Einige Beispiele zur Illustration: Beim Wort „Amok" denken derzeit vermutlich die meisten Menschen an „school shootings", obwohl es sich dabei lediglich um *eine* Form von Amoktaten handelt. Daneben werden die meisten Menschen Amoktaten als von psychisch kranken Personen begangene Effekttaten einstufen, obwohl es sich im Regelfall um lange im Voraus geplante Taten von zumindest äußerlich psychologisch nicht außergewöhnlich auffälligen Personen handelt.

Der Begriff „Folter" erscheint ebenfalls jedem in seiner Bedeutung unmittelbar eindeutig bestimmt. In Wirklichkeit gibt es aber bis heute keine weltweit anerkannte Definition dieses Begriffs, die beispielsweise konkret formuliert, welche Handlungen bereits als Folter gelten und welche (noch) nicht unter den Begriff der Folter fallen. Beginnt Folter erst, wenn ich Ihnen androhe, Ihnen kleine Stäbchen unter die Fußnägel zu schieben, oder schon dann, wenn ein Polizeibeamter einem Verdächtigen die Zigarette/den Gang zur Toilette so lange verweigert, bis der Verdächtige eine Aussage gemacht hat?

Dasselbe gilt für den Begriff „Terrorist“: Während der eine einen politischen Attentäter als „Freiheitskämpfer“ bezeichnet, wird dieselbe Person von jemand anderem als „Terrorist“ beschrieben. Es ist die Aufgabe des Autors, den Leser auf solche Schwierigkeiten im Umgang mit diesen Begriffen hinzuweisen, um so ein deutlich differenzierteres Verständnis der jeweiligen Wortbedeutungen herzustellen.

Auch wissenschaftliche Theorien oder sachliches Hintergrundwissen (wie z.B. historische Ereignisse) können/sollen in diesem Unterkapitel erläutert werden. Die notwendigen Erläuterungen und Begriffsdefinitionen sind in aller Regel nicht aus Lexika zu entnehmen, sondern aus der einschlägigen Fachliteratur, die Sie ja ohnehin für Ihre Arbeit gelesen haben.

Gerade bei längeren Arbeiten (Bachelor- oder Masterarbeiten) ist es allerdings auch möglich, die notwendigen Definitionen jeweils am Beginn desjenigen Kapitels vorzunehmen, für das die zu erläuternden Begriffe relevant sind, statt bereits in der Einleitung sämtliche für die Arbeit relevanten zentralen Begriffe zu definieren. Für welche Variante Sie sich entscheiden, bleibt dabei Ihnen selbst überlassen und ist vom Aufbau der Argumentation abhängig.

Im **Hauptteil** der Arbeit widmen Sie sich der Beantwortung Ihrer in der Einleitung aufgeworfenen Fragestellung. Es gibt viele verschiedene Möglichkeiten eine Arbeit – auch zu ein und demselben Thema – zu gliedern. Grundsätzlich müssen die einzelnen Kapitel des Hauptteils logisch aufeinander aufbauen. Es empfiehlt sich, zu Beginn eines jeden Kapitels kurz zu benennen, was im Folgenden erörtert werden soll und inwiefern dies zur Beantwortung der Fragestellung beiträgt bzw. nötig ist. Anschließend erfolgte eine Analyse und Diskussion des Ihnen vorliegenden

Materials. Denken Sie dabei auch daran, sich angemessen mit Gegenargumenten auseinanderzusetzen. Welcher Autor, welche Daten, welche Studien widersprechen oder untermauern Ihre bisherigen Ausführungen? Wie ist diese Beobachtung zu werten?

Vor allem sollte Ihr Text nicht in erster Linie deskriptiv, sondern erörternd, analysierend und argumentativ sein. Wichtig ist in diesem Zusammenhang, dass sich alle Ihre Schlussfolgerungen und Wertungen begründen lassen.

Am Ende des jeweiligen Kapitels sollte kurz und präzise stehen, was das Ergebnis des Kapitels ist. Denken Sie auch an eine geeignete Überleitung zum Folgekapitel. An welchem Punkt der Argumentation befinden Sie sich gerade? Was muss logisch als nächstes folgen? Welches Problem innerhalb der Fragestellung gilt es nun zu beantworten?

Erfahrungsgemäß bereitet gerade das **Fazit** vielen Studenten größere Schwierigkeiten. Soll hier noch einmal die gesamte Arbeit in Kurzform dargelegt werden? Sicher nicht! Dennoch ist es hilfreich, sich vorzustellen, Ihr Dozent würde nur diese letzten Seiten Ihrer Arbeit lesen. Was müsste er hier unbedingt erfahren? Ihr Dozent würde sich sicher die folgenden Fragen stellen, die Ihr Fazit beantworten müsste: Wie lautet die Ausgangsfragestellung? Was sind die Antworten auf diese Fragestellung? (An dieser Stelle sollten Sie keinesfalls die gesamte Argumentation des Hauptteils nochmals aufrollen.) Gibt es eine kritische Diskussion Ihrer Erkenntnisse? Gelten Ihre Ergebnisse etwa immer und unter allen Umständen, oder ist die Aussagekraft Ihrer Erkenntnisse unter bestimmten Bedingungen begrenzt? Lassen sich Ihre Ergebnisse womöglich gar auf weitere Probleme und Phänomene übertragen? Wo hat sich im Laufe Ihrer Diskussion gezeigt, dass es noch Forschungslücken gibt?

Sie wissen nun, wie Sie Ihren Text gliedern sollten und was in den einzelnen Abschnitten von Ihnen erwartet wird. Um Ihren Text abfassen zu können, müssen Sie von der ersten Seite an auf die Erkenntnisse anderer Autoren zurückgreifen. Dies müssen Sie in einer wissenschaftlichen Arbeit stets kenntlich machen. Wie Sie Ihre Quellen im Text und schließlich im Literaturverzeichnis korrekt angeben, erfahren Sie im folgenden Abschnitt.

2.5 Quellenangaben und Literaturverzeichnis: Wie zitiere ich korrekt?

Eine Quellenangabe erfüllt mehrere Funktionen: Jede Behauptung, die Sie aufstellen, müssen Sie auch **belegen** können. Außerdem sollte es selbstverständlich sein, dass Sie das **Urheberrecht auf geistiges Eigentum** achten und sich nicht mit fremden Federn schmücken. Schließlich kann der Verweis auf eine wissenschaftliche Quelle Ihre eigene **Argumentation untermauern** und den Wahrheitsgehalt Ihrer Aussage bekräftigen.

Es gibt verschiedene Zitierstandards, Sie sollten daher unbedingt Rücksprache mit Ihrem Betreuer halten, welche Zitationsweise Sie verwenden sollen. Es lassen sich zwei Hauptzitiersysteme unterscheiden: Die angloamerikanische Kurzvariante und die ausführliche Zitierweise in der Fußnote. Ich werde auf ausführliche Erklärungen der verschiedenen Methoden verzichten, sondern Ihnen hier eine Schablone an die Hand geben, mit deren Hilfe Sie ohne großen Aufwand Ihre Quellenangaben korrekt erledigen können. Einige Punkte müssen Sie aber bei allen Zitierstandards einhalten:

- Achten Sie auf Einheitlichkeit: Haben Sie sich für einen Zitierstandard entschieden, behalten Sie diesen konsequent bei.
- Sie müssen für *jeden* fremden Gedanken, für *jede* Behauptung eine Quelle angeben. Ausnahmen bilde hier lediglich Aussagen, die als Allgemeinwissen gelten können. *Beispiel: Am 08. Mai 1945 endete in Europa der Zweite Weltkrieg.*
- Alle Quellen werden mit der genauen Seitenzahl des Fundortes angegeben.
    - Geht ein Zitat über zwei Seiten, so wird dies wie folgt kenntlich gemacht: (Riederer, 2014, S. 12 f.)
    - Geht ein Zitat über drei Seiten, so schreiben Sie: (Riederer, 2012, S. 333 ff.)
    - Bei einem Zitat, das über mehr als 3 Seiten geht, geben Sie die exakte Seitenzahl an: (Riederer, 2014, S. 323 – 327)

- Es wird grundsätzlich zwischen direkten (also wörtlichen) und indirekten (also mit eigenen Worten wiedergegebenen fremden Gedanken = Paraphrase) unterschieden. Im Unterschied zu wörtlichen Zitaten werden indirekte Zitate bei der Quellenangabe stets mit „Vgl.“ (= Vergleiche) eingeleitet. *Beispiel: Paraphrase: Riederer hebt hervor, dass indirekte Zitate der wörtlichen Übernahme von Gedanken stets vorzuziehen seien. (Vgl. Riederer, 2014, S. 13) Wörtliches Zitat: Riederer betont: „Der Autor sollte nach Möglichkeit versuchen, Zitate mit eigenen Worten wiederzugeben, statt diese wörtlich abzuschreiben.“ (Riederer, 2014, S. 13)*
- Bei wörtlichen (= direkten) Zitaten sind einige Besonderheiten zu beachten:
    - Wörtliche Zitate stehen grundsätzlich in Anführungszeichen („*wörtliches Zitat*“)
    - Wörtliche Zitate dürfen nicht verändert werden, bzw. nur so, dass der Sinn nicht entstellt wird. Alle Veränderungen müssen in eckigen Klammern kenntlich gemacht werden.
    - Bei einem wörtlichen Zitat müssen selbst Zeichen- und Rechtschreibfehler übernommen werden. Wollen Sie darauf aufmerksam machen, dass etwas genau so im Original steht, etwa bei einem Tipp- oder Rechtschreibfehler, schreiben Sie: [sic] *Beispiel: „Garnicht [sic!] wird gar nicht zusammen geschrieben.“*
    - Lasse Sie etwas bei einem wörtlichen Zitat weg, wird dies mit drei Punkten in einer Klammer kenntlich gemacht: […].
    - Lassen Sie etwas weg oder fügen Sie etwas hinzu, etwa eine kurze Erläuterung oder eine Ergänzung, damit sich der Satz grammatikalisch korrekt an Ihren Satz anfügt, geschieht dies mit Hilfe eckiger Klammern: [Ergänzung]. *Beispiel: Albert Einstein betonte, dass „Wissenschaft ohne Religion […] lahm [und] Religion ohne Wissenschaft […] blind [sei].“*
    - Dient die Ergänzung der Erläuterung, so machen Sie zusätzlich kenntlich, dass diese Ergänzung von Ihnen stammt: [Erläuternde Ergänzung, Anm. des Verf.] *Beispiel: Friedrich Schiller sagte einmal: „Einem ist sie [die Wissenschaft; Anm. des Verfassers] die hohe himmlische Göttin, dem Andern eine tüchtige Kuh, die ihn mit Butter versorgt.“*

- Hervorhebungen im Original – etwa Kursivschreibung, Fettdruck oder Unterstreichungen – müssen auch im wörtlichen Zitat erhalten bleiben. Sie sollten dies in Ihrem Quellenbeleg wie folgt kenntlich machen: (Riederer, 2014, S. 8. Hervorhebung im Original)
- Zitat im Zitat: Manchmal kommt es vor, dass schon im Originaltext etwas in Anführungszeichen steht, etwa ein wörtliches Zitat aus einer weiteren Quelle. Dieses wörtliche Zitat aus der Originalquelle müssen Sie dann ebenfalls kenntlich machen, setzen bei einer wörtlichen Übernahme des Zitates hier jedoch nur einfache Anführungszeichen. *Beispiel: „Mit dem Satz ‚Für den gläubigen Menschen steht Gott am Anfang, für den Wissenschaftler am Ende aller seiner Überlegungen' betonte der Physiker und Nobelpreisträger Max Planck seine Einstellung zu Religion und Wissenschaft." (Riederer, 2009, S. 33)*

- Normalerweise sollten Sie immer die Originalquelle zur Hand haben und auf Zitate im Zitat verzichten. Es kann jedoch sein, dass die Originalquelle nur mit unzumutbar hohem Aufwand oder sogar gar nicht beschafft werden kann. In diesem Falle sieht Ihr Quellenbeleg wie folgt aus: *(Planck, zitiert nach Riederer, 2009, S. 33) Im Literaturverzeichnis nennen Sie dann jedoch nur noch die Sekundärquelle: Riederer, Christoph (2009): Titel. Untertitel. .....*
- Titel (Prof. Dr., etc.) werden nicht angegeben. In Deutschland gibt es keine Adelstitel/Adelsprädikate mehr. Etwaige Bezeichnungen sind Bestandteil des Namens und werden wie folgt angegeben: Weizsäcker, Richard von / Guttenberg, Karl Theodor zu / Lambsdorf, Otto Graf.
- Gibt es mehr als drei Autoren/Herausgeber nennen Sie nur den ersten und ergänzen dies durch den Zusatz „et al" oder „u.a." – beides bedeutet soviel wie „und andere". *Beispiel: (Riederer et al., 2009, S. 9)*

Grundsätzlich brauchen Sie für eine korrekte Quellenangabe die nachfolgenden Informationen. Manchmal fehlen diese Informationen. Dann setzen Sie Platzhalter, die Sie in der Auflistung unten in Klammern finden:

- Vor- und Nachname des Autors / des Herausgebers (Bei fehlender Angabe: o.A. (= ohne Autor, alternativ: N.N. oder o.V. (= ohne Verfasser)

- Erscheinungsjahr (manchmal das exakte Erscheinungsdatum) (bei fehlender Angabe: o. J. (= ohne Jahr).
- Titel und ggf. Untertitel der Quelle
- Ggf. die Auflage (ab der zweiten Auflage)
- Verlagsort (also Sitz des Verlages) (bei fehlender Angabe: o.O. (= ohne Ort)
- Name des Verlags
- Seitenzahl

Wie Sie sehen, finden Sie bis auf die Seitenzahl alle benötigten Informationen fast immer auf dem Cover bzw. auf den ersten Seiten eines Buches, noch vor dem Inhaltsverzeichnis. Je nach gewählter Zitiermethode und Quellenart werden diese Informationen wie folgt angegeben:

Quellenbeleg nach der APA-Methode (APA **= American Psychological Association):**

Bei der APA-Methode erfolgt die Quellenangabe in Kurzform im Fließtext direkt nach dem Zitat. Erst im Literaturverzeichnis wird die Quelle dann vollständig angegeben (siehe unten).

Beispiel für ein wörtliches Zitat (Harvard):

„Die ist die Harvard-Methode" (Riederer, 2013, S. 12)

Beispiel für ein indirektes Zitat (Harvard):

Der Autor erklärte, es handle sich dabei um die Harvard-Methode. (Vgl. Riederer, 2013, S. 12)

Hat der Autor im Jahr 2013 mehrere Werke veröffentlicht, die in der Arbeit zitiert werden, so werden diese mit Kleinbuchstaben hinter der Jahreszahl kenntlich gemacht: *(Riederer, 2013 a, S. 12)*

Bis zu sechs Autoren werden im Text erstmalig zitiert *(Riederer, Meier, Schröder, Schulze, Vogt & Müller, 2000, S. 33).*

Mehr als zwei und bis zu sechs Autoren werden ab dem zweiten Mal, dass die Quelle zitiert wird, wie folgt angegeben: *(Riederer et al., 2000, S. 33)*

Bei mehr als sechs Autoren wird von Anfang an nur der erste genannt und mit der Abkürzung „et al." beziehungsweise „u. a." (beides steht für ‚und andere') ergänzt: *(Riederer et al., 2000, S. 99)*.

Quellenbeleg in der Fußnote *(Hinweis: Die Zitierweise, wie Sie im Folgenden dargestellt wird, entspricht auch dem Muster, wie zum Schluss der Arbeit das Literaturverzeichnis auszusehen hat.)*

Monographie:
Autoren-Nachname, Vorname (Erscheinungsjahr): Titel. Untertitel. Ggf. Auflage, Verlagsort, Verlagsname, Seitenzahl.

Beispiel:
Riederer, Christoph (2013): Kleiner Leitfaden für wissenschaftliches Arbeiten. In wenigen Schritten zur Hausarbeit, Bachelorarbeit oder Masterarbeit. 3 Auflage, Greven, Eigenverlag, S. 23

Aufsatz:
Autoren-Nachname, Vorname (Erscheinungsjahr): Aufsatztitel. Untertitel des Aufsatzes. In: Herausgeber-Nachname, Vorname (Hrsg.): Titel der Aufsatzsammlung. Untertitel der Aufsatzsammlung. Verlagsort, Anfangsseite des Artikels. X – Endseite des Artikels: Z, hier S. Y.

Beispiel:
Riederer, Christoph (2013): Fiktiver Titel. In: Mustermann, Max / Musterfrau, Angelika (Hrsg.): Noch ein fiktiver Titel. Greven, Eigenverlag, S. 15 bis S. 23, hier S. 18.

Zeitschriftenaufsatz:
Autoren-Nachname, Vorname (Erscheinungsjahr): Aufsatztitel. Untertitel des Aufsatzes. In: Name der Zeitschrift, Heft X / Jahr, Anfangsseite des Artikels S. X – Endseite des Artikels S. Z, hier S. Y.

Beispiel:
Riederer, Christoph (2013): Fiktiver Titel. In: Aus Politik und Zeitgeschichte (APuZ) Heft 3 2013, S. 5 – S. 12, hier S. 6.

Zeitungsartikel:
Autoren-Nachname, Vorname: Titel des Artikels In: *Zeitungsname* vom *Datum*

Beispiel:
Riederer, Christoph: Wie Sie eine gute wissenschaftliche Arbeit schreiben. In: Frankfurter Allgemeine Zeitung vom 11. Mai 2013.

Internetquelle:
Autoren-Nachname, Vorname / alternativ Name der Organisation (Erscheinungsdatum TT.MM.JJJJ): Aufsatztitel. Untertitel des Aufsatzes. www.Startseite.de: kompletter Link (abgerufen am). Bei PDF-Dateien Seitenzahl angeben.

Beispiel:
Riederer, Christoph (11. Mai 2013): Hilfreiche Tipps für eine gute Bachelorarbeit. www.hilf-dir-selbst.de: http://www.hilf-dir-selbst.de/es-folgt-der-komplette-Link/pdf (abgerufen am 18. Mai 2013), S. 12.
Noch ein Beispiel:
Bundesministerium des Innern (15. Mai 2013): Fairness wird ausgezeichnet – jetzt die Preisträger für 2013 nominieren! www.bmi.bund.de: http://www.bmi.bund.de/SharedDocs/Pressemitteilungen/DE/2013/05/fairplay.html;jsessionid=AA1FFD3C197F2BEFCA2C179FA6C369AE.2_cid295 (abgerufen am 21. Mai 2013)

Bitte beachten Sie: Es wird zunehmend üblich, dass digitale Quellen auf einem Datenträger der jeweiligen Arbeit beigefügt werden. Bei Internetseiten können dies entweder PDF-Dokumente oder – bei html-Seiten – Screenshots der jeweiligen Seite sein.

Dissertation:
Autoren-Nachname, Vorname (Erscheinungsjahr): Titel. Untertitel. Univ. Diss., Universität X, Seitenzahl.
Bzw. falls die Dissertation von einem Verlag veröffentlicht wurde:
Autoren-Nachname, Vorname (Erscheinungsjahr): Titel. Untertitel. Verlagsort (zugl. Dissertation Universität X, Jahr der Prüfung), Seitenzahl.

Beispiel:
Mustermann, Max (2011): Fiktiver Titel. Fiktiver Untertitel. Univ. Diss. Universität Münster, S. 33.
Bzw.:
Mustermann, Max (2015): Fiktiver Titel. Fiktiver Untertitel. Hamburg (zugl. Dissertation Universität Münster 2011), S. 33.

Wenn Sie dieselbe Quelle auch später noch in Ihrem Text verwenden, können Sie eine Kurzform als Beleg wählen, indem Sie nach der Nennung des Nachnamens und des Vornamens mehrere Angaben in der Fußnote weglassen und durch „a.a.O." (= am angegebenen Ort) ersetzen. Es empfiehlt sich jedoch, zumindest einen „Kurztitel" zu nennen.

Beispiel:
Riederer, Christoph: Kleiner Leitfaden für wissenschaftliches Arbeiten, a.a.O., S. 23.
Oder noch kürzer:
Riederer, 2013, S. 23.

In letzterem Falle sollten Sie jedoch bei der ersten Nennung der Quelle auf die künftige Kurz-Zitierweise hinweisen. Etwa so:

Beispiel:
Riederer, Christoph (2013): Kleiner Leitfaden für wissenschaftliches Arbeiten. In wenigen Schritten zur Hausarbeit, Bachelorarbeit oder Masterarbeit. 3. Auflage, Greven, Eigenverlag, S. 23 (Im Folgenden zitiert als (Riederer, 2013)

Die Angaben im **Literaturverzeichnis** sind im Prinzip genauso aufgebaut, wie die Quellenangaben in der Fußnotenvariante. Sie lassen lediglich die Seitenangaben weg. (Ausnahme: Aufsätze!) Allerdings sind folgende Dinge zu beachten:

- Es empfiehlt sich, das Literaturverzeichnis nach Quellenarten zu unterteilen (Monographien, Fachartikel, Zeitungsartikel, Internetquellen, ...). Dies gilt nicht, falls Sie sich für die APA-Variante der Quellenbelege entscheiden! In diesem Falle werden sämtliche Quellen in alphabetischer Reihenfolge angeführt, unabhängig davon, um welche Quellenart es sich handelt.
- Grundsätzlich werden die Quellen alphabetisch nach Nachnamen sortiert.
- Fachaufsätze bilden eine Besonderheit, weil bei ihnen im Literaturverzeichnis die Seiten angegeben werden, auf denen sich der Artikel befindet. Zusätzlich

zum zitierten Aufsatz wird immer auch einmalig die gesamte Aufsatzsammlung angegeben.

Ein Literaturverzeichnis könnte also wie folgt aussehen:

Monographien:

Musterfrau, Gunhild (2001): Titel. Untertitel. Hamburg.

Riederer, Christoph (2013). Kleiner Leitfaden für wissenschaftliches Arbeiten. In wenigen Schritten zur Hausarbeit, Bachelorarbeit oder Masterarbeit. 3. Auflage, Greven, Eigenverlag.

Aufsätze und Aufsatzsammlungen:

Mustermann, Max / Musterfrau, Angelika (Hrsg.): Noch ein fiktiver Titel. Greven.

Riederer, Christoph (2013). Fiktiver Titel. In: Mustermann, Max / Musterfrau, Angelika (Hrsg.): Noch ein fiktiver Titel. Greven, Eigenverlg, S. 15 bis S. 23.

Internetquellen:

Bundesministerium des Innern (15. Mai 2013): Fairness wird ausgezeichnet – jetzt die Preisträger für 2013 nominieren! www.bmi.bund.de: http://www.bmi.bund.de/SharedDocs/Pressemitteilungen/DE/2013/05/fairplay.html;jsessionid=AA1FFD3C197F2BEFCA2C179FA6C369AE.2_cid295 (abgerufen am 21. Mai 2013)

Riederer, Christoph (11. Mai 2013): Hilfreiche Tipps für eine gute Bachelorarbeit. www.hilf-dir-selbst.de: http://www.hilf-dir-selbst.de/es-folgt-der-komplette-Link/pdf (abgerufen am 18. Mai 2013), S. 12.

In Ihrer Arbeit wollen Sie womöglich auch Tabellen oder/und Grafiken verwenden. Grundsätzlich gilt, dass eine Grafik/eine Tabelle nie für sich alleine stehen darf, sondern in ihrer Bedeutung von Ihnen in Ihrem Text erläutert werden muss.

Tabellen und Grafiken müssen entsprechend beschriftet werden. Bei Tabellen erfolgt dies oberhalb der Tabelle, im so genannten „Tabellenkopf" Hier findet sich die Angabe „Tabelle", die Nummer der Tabelle (also um die wievielte Tabelle in Ihrer Arbeit es sich handelt), ein aussagekräftiger Titel sowie eine Quellenangabe. Die Quellenangabe erfolgt selbstverständlich in der gleichen Zitierform, wie Sie sie auch für Ihre übrigen Quellen verwendet haben. Also entweder im APA-Stil oder in der Fußnote.

Beispiel: Tab. 1: Verkehrstote auf bundesdeutschen Straßen 1999 – 2009 (Statistisches Bundesamt, 2009, S. 11)

Ganz ähnlich verfahren Sie bei Grafiken. Hier erfolgt die Beschriftung im Gegensatz zur Tabelle jedoch *unterhalb* der Grafik.

Beispiel: Abb. 3: Polizisten am Tatort (Meyer, 2011, S. 15)

Sollten Sie die Grafik/die Tabelle selbst erstellt haben, schreiben Sie anstelle der Quellenangabe: *(eigene Darstellung)*

Handelt es sich um eine weitgehend eigene Darstellung, die jedoch auf Daten und Zahlen einer anderer Quelle basiert, so schreiben Sie: *(eigene Darstellung in Anlehnung an Statistisches Bundesamt, 2009, S. 11)*

Sie sind nun in der Lage, Ihre Quellenangaben im Text und im Literaturverzeichnis korrekt vorzunehmen. Im folgenden Abschnitt wollen wir uns etwas intensiver mit dem eigentlichen Schreibprozess auseinandersetzen.

2.6 Das Schreiben: Welcher Schreibstil ist angemessen?

In einer wissenschaftlichen Arbeit wird ein **sachlicher, neutraler Sprachstil** erwartet. Das bedeutet, dass Sie auf emotionale Bewertungen, rhetorische Manipulationen und andere Versuche, die Haltung des Lesers zu beeinflussen, verzichten müssen. Zur Objektivität der Sprache gehört auch, dass eine wissenschaftliche Arbeit nicht aus der subjektiven „Ich-Perspektive" geschrieben ist, sondern aus einer objektiv-allgemeinen Sicht formuliert wird. Ebenso sollten Sie auf Formulierungen wie „wir“ und „man“ in wissenschaftlichen Texten verzichten. Folgendes könnte ein Beispiel für eine misslungene Formulierung sein:

Falsch:

„Ich befasse mich in meiner Arbeit mit dem grausamen Krieg im ehemaligen Jugoslawien, weil meine Eltern damals von dort flüchten und ein neues Leben in Deutschland beginnen mussten.“

Das Wörtchen „grausam“ ist eine überflüssige Bewertung – jeder Krieg ist grausam – das aber beim Leser bereits emotionale Konnotationen hervorrufen kann. Die eigene Lebensgeschichte mag zwar spannend sein, eignet sich aber keinesfalls für die Begründung, sich wissenschaftlich mit einer Thematik auseinanderzusetzen.

Besser:

„In der vorliegenden Arbeit werden die Ursachen und Folgen des Krieges im ehemaligen Jugoslawien analysiert. Damit soll ein besseres Verständnis für die Ursachen ethnischer Konflikte geschaffen und Möglichkeiten für die Linderung von Kriegsfolgen aufgezeigt werden.“

Mit etwas Übung ist es gar nicht so schwer, sich einer objektiven, neutralen Sprache zu bedienen. Ich stelle Ihnen hier einige typische Formulierungen vor, die Sie in Ihren Arbeiten immer wieder verwenden können:

1. In der Einleitung:
   - Die vorliegende Arbeit untersucht, ….
   - Diese Untersuchung folgt der Fragestellung, …
   - Gegenstand dieser Bachelorarbeit ist, …
   - Die eingangs erläuterte Problematik wirft somit die Frage auf, ….
2. Im Forschungsstand:
   - Hauptquellen dieser Untersuchung sind….

- Die dieser Arbeit zugrunde liegende Literatur umfasst ....
- Neben dem Werk von Forscher X kommt auch der Untersuchung von Forscherin Y Bedeutung zu, weil....
- Die Studie Z bietet Erkenntnisse über....
- Als Standardwerk auf dem Gebiet der X-Forschung gilt die Arbeit von Forscherin Z.
- Demgegenüber vertritt Forscherin Z die Auffassung, ...
- Die derzeit aktuellste Studie zum Thema stammt von Forscher Y und befasst sich mit dem Problem X.

3. Methode / Vorgehensweise:
    - Methodisch wird in dieser Arbeit wie folgt vorgegangen: ....
    - Zur Beantwortung der Fragestellung wird Methode X angewandt. Sie hat gegenüber Methode Y den Vorteil, ...
    - Im ersten Abschnitt der Arbeit wird zunächst.... Anschließend wird ....
4. Wenn Sie argumentieren:
    - Zu berücksichtigen ist allerdings, ...
    - Demgegenüber steht jedoch....
    - Anders als von X behauptet ....
    - Diese Sichtweise wird unterstützt durch/von....
    - Berücksichtigt man diese Erkenntnisse, so ist daraus zu schließen, dass....
    - Eine andere Bewertung dieser Daten / Zahlen / Fakten /Aussagen legt jedoch den Schluss nahe, dass...
5. Wenn Sie aus Quellen zitieren:
    - Autor A beschreibt / erläutert / argumentiert / benennt
    - In der Studie von X wird deutlich, ...
    - Anders sieht dies / genauso sieht dies Forscher X, der erläutert, dass.....

Diese Liste ließe sich noch um viele Beispiele erweitern. Doch haben Sie bereits jetzt einige wertvolle Anregungen, wie Sie Ihren Text sprachlich gestalten können.

3 FAQ

In diesem Abschnitt möchte ich auf einige der häufigsten Fragen von Studenten zu wissenschaftlichen Arbeiten eingehen. Diese Rubrik wird fortlaufend mit Ihren Fragen erweitert. Schreiben Sie mir dazu einfach Ihre Frage an die im Impressum angegebene E-Mail-Adresse. Selbstverständlich erhalten Sie alle Aktualisierungen dieses E-Books kostenfrei.

- Darf ich keine eigene Meinung schreiben?

Doch, Sie sollen sogar eine eigene Meinung entwickeln und niederschreiben. Von wem, wenn nicht vom Autor eines wissenschaftlichen Textes, sollte sonst eine kritische Haltung gegenüber Meinungen, Halbwahrheiten, Glaubenssätzen, etc. erwartet werden? Allerdings beruht Ihre Meinung als wissenschaftlicher Autor eben nicht auf eigenen, subjektiven Wahrnehmungen, Werten oder Einstellungen, sondern auf objektiven Argumenten, Daten, Zahlen und Fakten, die Sie in Ihrer Arbeit präsentieren. Aus diesem Grunde schreiben Sie auch nicht Sätze, wie „Ich meine, ...", „Ich denke, ...", „Ich finde, ...", sondern Sie beziehen sich bei Ihren eigenen Stellungnahmen und Wertungen immer auf diese objektiven Argumente: „Die dargelegten Argumente lassen den Schluss zu, dass....", „Die ermittelten Zahlen zeigen deutlich, ...", „Die beschriebenen Beobachtungen weisen darauf hin, dass....", etc.

- Wie viel Literatur muss/darf ich verwenden?

Diese Frage ist kaum allgemeingültig zu beantworten. Unter anderem hängt es davon ab, wie viel relevante Literatur zu Ihrem Thema existiert. Zumindest sollten Sie darauf achten, dass sich die Standardwerke und die einschlägigen Autorennamen in Ihrer Literaturliste wieder finden. Auch sollten Sie in jedem Falle Monographien und Aufsätze für Ihre Arbeit genutzt haben und nicht (nur) auf Internetquellen zurückgegriffen haben. Als ganz grobe Faustregel kann gelten, dass Sie für eine 10-Seitige Hausarbeit wenigstens fünf bis acht wissenschaftliche Quellen benutzt haben sollten, für eine 40-Seitige Bachelorarbeit ca. 20 bis 40 Quellen und für eine 80-Seitige Masterarbeit etwa 50 bis 80 Quellen angeben können müssten.

- Muss ich wirklich alles belegen? Was an meiner Arbeit ist dann wirklich von mir? (Worin besteht meine Eigenleistung?)

Sie müssen grundsätzlich und immer alles angeben und durch einen Quellenhinweis belegen, was von anderen als von Ihnen selbst stammt. Jede fremde Information, jeder fremde Gedanke, jede These eines anderen muss so gekennzeichnet werden. Eine Ausnahme bilden hier lediglich Fakten, die als allgemein bekannt gelten können: etwa, dass der Zweite Weltkrieg am 08. Mai 1945 für Deutschland endete oder dass die Erde eine Kugel und keine Scheibe ist. Ihre Eigenleistung besteht darin, dass Sie diese Fakten und Argumente kritisch darlegen und erläutern und auf dieser Basis eine eigene Haltung und Meinung diskutierend entwickeln – und niederschreiben.

4 Weiterführende Literatur

Dieckmann, Andreas (2010): Empirische Sozialforschung: Grundlagen, Methoden, Anwendungen. 4. Auflage, Reinbek, Rowolt Verlag.

Flick, Uwe (2009): Sozialforschung: Methoden und Anwendungen. Ein Überblick für die BA-Studiengänge. 2. Auflage, Reinbek, Rowolt Verlag.

Kromrey, Helmut (2009): Empirische Sozialforschung: Modelle und Methoden der standardisierten Datenerhebung und Datenausweitung. 12. Auflage, Stuttgart, UTB.

5 Hilfreiche Internetseiten

Wissenschaftliches Arbeiten: Eine sehr hilfreiche Internetseite, betrieben von (ehemaligen) Studenten: http://www.wissenschaftliches-arbeiten.org/

LOTSE der Uni Hamburg: Video-Tutorials, die anschaulich zeigen, wie man gezielt wissenschaftliche Literatur recherchiert. Zu allen Tutorials gibt es auch eine

Textvariante und zum Teil auch Arbeitsblätter: http://lotse.sub.uni-hamburg.de/tutorials/index-de.php

Hinweise, Rechtliches und Impressum:

Wir sind um die Richtigkeit und Aktualität der in diesem Buch bereitgestellten Informationen bemüht. Trotzdem können Fehler und Unklarheiten nicht vollständig ausgeschlossen werden. Wir übernehmen deshalb keine Gewähr für die Aktualität, Richtigkeit, Vollständigkeit oder Qualität der bereitgestellten Informationen. Für Schäden materieller oder immaterieller Art, die durch die Nutzung oder Nichtnutzung der dargebotenen Informationen bzw. durch die Nutzung fehlerhafter und unvollständiger Informationen unmittelbar oder mittelbar verursacht werden, haften wir nicht, sofern uns nicht nachweislich vorsätzliches oder grob fahrlässiges Verschulden zur Last fällt. Für Hinweise auf Fehler oder Unklarheiten sind wir dankbar, um sie in künftigen Ausgaben zu beseitigen. Schreiben Sie mir an Christoph.Riederer@yahoo.de mit dem Betreff „30 Minuten für Ihre erfolgreiche Hausarbeit".

Amazon, Kindl und andere Markennamen, Warenzeichen und eingetragenen Warenzeichen, die in diesem Buch verwendet werden, sind Eigentum ihrer rechtmäßigen Eigentümer. Sie dienen hier nur der Beschreibung bzw. der Identifikation der jeweiligen Firmen, Produkte und Dienstleistungen. Dieses Buch ist keine Veröffentlichung von Amazon.

Disclaimer

Haftung für Inhalte

Als Diensteanbieter sind wir gemäß § 7 Abs.1 TMG für eigene Inhalte auf diesen Seiten nach den allgemeinen Gesetzen verantwortlich. Nach §§ 8 bis 10 TMG sind wir als Diensteanbieter jedoch nicht verpflichtet, übermittelte oder gespeicherte fremde Informationen zu überwachen oder nach Umständen zu forschen, die auf eine rechtswidrige Tätigkeit hinweisen. Verpflichtungen zur Entfernung oder Sperrung der Nutzung von Informationen nach den allgemeinen Gesetzen bleiben hiervon unberührt. Eine diesbezügliche Haftung ist jedoch erst ab dem Zeitpunkt der Kenntnis einer konkreten Rechtsverletzung möglich. Bei Bekanntwerden von entsprechenden Rechtsverletzungen werden wir diese Inhalte umgehend entfernen.

Haftung für Links

Unser Angebot enthält Links zu externen Webseiten Dritter, auf deren Inhalte wir keinen Einfluss haben. Deshalb können wir für diese fremden Inhalte auch keine Gewähr übernehmen. Für die Inhalte der verlinkten Seiten ist stets der jeweilige Anbieter oder Betreiber der Seiten verantwortlich. Die verlinkten Seiten wurden zum Zeitpunkt der Verlinkung auf mögliche Rechtsverstöße überprüft. Rechtswidrige Inhalte waren zum Zeitpunkt der Verlinkung nicht erkennbar. Eine permanente inhaltliche Kontrolle der verlinkten Seiten ist jedoch ohne konkrete Anhaltspunkte einer Rechtsverletzung nicht zumutbar. Bei Bekanntwerden von Rechtsverletzungen werden wir derartige Links umgehend entfernen.

Urheberrecht

Die durch die Seitenbetreiber erstellten Inhalte und Werke auf diesen Seiten unterliegen dem deutschen Urheberrecht. Die Vervielfältigung, Bearbeitung, Verbreitung und jede Art der Verwertung außerhalb der Grenzen des Urheberrechtes bedürfen der schriftlichen Zustimmung des jeweiligen Autors bzw. Erstellers. Downloads und Kopien dieser Seite sind nur für den privaten, nicht kommerziellen Gebrauch gestattet. Soweit die Inhalte auf dieser Seite nicht vom Betreiber erstellt wurden, werden die Urheberrechte Dritter beachtet. Insbesondere werden Inhalte Dritter als solche gekennzeichnet. Sollten Sie trotzdem auf eine Urheberrechtsverletzung aufmerksam werden, bitten wir um einen entsprechenden Hinweis. Bei Bekanntwerden von Rechtsverletzungen werden wir derartige Inhalte umgehend entfernen.

Quellen: eRecht24 Disclaimer

Impressum:
Wissenschaftliches Arbeiten. 30 Minuten für Ihre erfolgreiche Facharbeit, Hausarbeit, Bachelorarbeit oder Masterarbeit.
Christoph Riederer

E-Mail-Adresse: Christoph.Riederer@yahoo.de
ISBN
Umschlagbild: Syda Productions / www.fotolia.de

4. Auflage, 04. Januar 2015

5006269R00029

Printed in Germany
by Amazon Distribution
GmbH, Leipzig